懐かしい歌・心やすらぐ歌
# シニアのためのカンツォーネ集
*Canzone Songs Selection for Senior Citizens*

芝 泰志／枡本安紀子―編

音楽之友社

# はじめに

　私は、シニアの方々を中心に、好きな歌、思い出の歌をみんなで集まって斉唱する「抒情歌をみんなで楽しく歌いましょう」という会を主宰しております。演奏技術の向上を目的とする「合唱団」ではなく、歌うことそれ自体を純粋に楽しむことを目的とする会です。最近、このような会が増えているようです。この会では、若いころから親しんできた歌、親の世代が歌っていた歌、懐かしい世界の歌など、幅広いジャンルから曲目を選んで、歌うことを楽しんでいます。

　しかし残念なことに、今までの楽譜ではシニアの方々にとっては文字が小さすぎますので、歌う会を開く都度、文字を拡大したカードをパソコンで作って歌ったりしておりました。他方で若い頃から楽譜に親しんでこられた方の中には、歌詞カードだけではなく楽譜を見ながら歌いたいという希望をお持ちの方もいらっしゃいます。更に、歌詞や曲についての簡単な説明も欲しいという希望もありました。そこで、私は是非、文字も楽譜もできるだけ大きくし、また、歌詞や曲についての簡単な説明を付けた楽譜集を作りたいと考えておりました。

　音楽之友社のご厚意と、芝 泰志氏のご賛同とご協力を得て刊行いたしました「シニアのための抒情歌集」「シニアのための青春賛歌集」「シニアのための教科書名歌集」「シニアのための歌声喫茶名歌集」「シニアのための愛と絆名歌集」「シニアのためのヒット歌謡曲集」に続きまして、この度は「シニアのためのカンツォーネ集」を刊行する運びとなりました。

　この曲集では、中学校や高等学校の教科書にイタリア民謡として取り上げられてきた「オ・ソーレ・ミーオ」や、来日したオペラ歌手のリサイタルのアンコールなどでしばしば歌われ、広く知られるようになった曲など、なじみのある歌い易いイタリアの大衆歌曲のカンツォーネに焦点を当てました。また楽譜の歌詞は日本語訳詞および原語とし、イタリア語の読み方に不慣れな方々にも気楽にお使い頂けるよう、原語にはカタカナルビをふり、読み方を表記しました。

　編集にあたっては、シニア世代の方々が利用されやすいよう、次のような特徴を持たせてあります。

1．音　域
　たいていの方が無理なく歌えるように、できるだけ音域を「イ音」から「2点変ホ音」までの範囲に収めるため、原曲の「調」にはこだわらず、必要に応じて移調譜を用いました。

2．譜面の大きさ
　サイズをＡ4変型判とし、少し大きめの楽譜と文字を用いて譜面と文字が楽に読み取れるようにしました。また、手に持って歌う時にあまり重さを感じなくてすむように、曲数を16曲、頁数を80ページとするにとどめました。

3．巻末の歌詞ページ
　巻末に、歌詞と曲についての短い解説記事を横書きで載せてあります。歌詞だけを見ながら歌う場合には、視線が上下する従来の縦書きよりも横書きの方が、自然で読み取りやすいのではないでしょうか。

　これまでの曲集と同様に、この曲集も、親しい友人たちや家族と、そして若い世代の人たちとも一緒に、心ゆくまで歌っていただくための一冊としていただければ幸いです。

　刊行にあたり、音楽之友社の徳永卓雄氏に深いご理解とご協力をいただきましたこと、また、抒情歌を歌う会「リリカルズ」の方たちからも貴重なご意見や情報を提供していただきましたことに心より感謝し、お礼申し上げます。

枡本 安紀子

# 目 次

| 曲 名 | 訳詞者 | 作曲者 | 頁 |
|---|---|---|---|
| 1．私の太陽（オ・ソーレ・ミーオ） | 妹尾幸陽 | E. ディ・カープア | 4 |
| 2．カタリ・カタリ | 徳永政太郎 | S. カルディッロ | 8 |
| 3．帰れソレントへ | 門馬直衛 | E. デ・クルティス | 12 |
| 4．彼女に告げてよ | 荒井基裕 | R. ファルボ | 16 |
| 5．さらばナポリ | 門馬直衛 | ナポリ民謡 | 19 |
| 6．フニクリ・フニクラ | 清野協, 青木爽 | L. デンツァ | 22 |
| 7．チリビリビン | 門馬直衛 | A. ペスタロッツァ | 30 |
| 8．君を求めて | 島健一 | E. デ・クルティス | 38 |
| 9．光さす窓辺 | 門馬直衛 | ナポリ民謡 | 41 |
| 10．サンタ・ルチア | 門馬直衛 | ナポリ民謡 | 44 |
| 11．遥かなるサンタ・ルチア | 伊庭孝 | E. A. マリオ | 46 |
| 12．海に来たれ | 枡本侑子 | ナポリ民謡 | 50 |
| 13．マリア・マリ | 門馬直衛 | E. ディ・カープア | 54 |
| 14．禁じられた歌 | 荒井基裕 | S. ガスタルドン | 58 |
| 15．ドリゴのセレナード | 堀内敬三 | R. ドリゴ | 64 |
| 16．さらば恋人よ | 東大音感 | イタリア民謡 | 70 |

●曲目解説, 歌詞 ……… 74

# 私の太陽
## （オ・ソーレ・ミーオ）
### 'O sole mio

妹尾幸陽 訳詞
E. ディ・カープア 作曲

# カタリ・カタリ
## Core 'ngrato

徳永政太郎 訳詞
S. カルディッロ 作曲

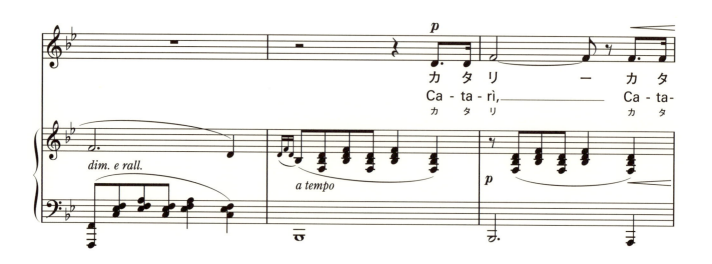

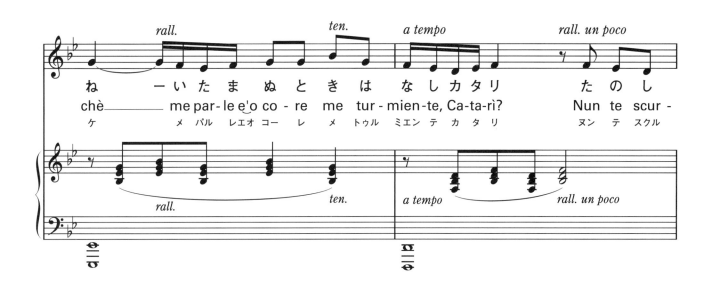
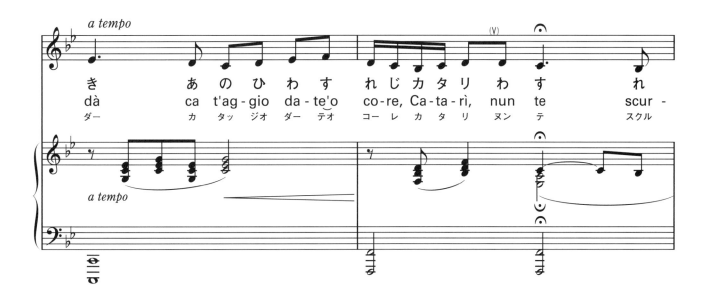

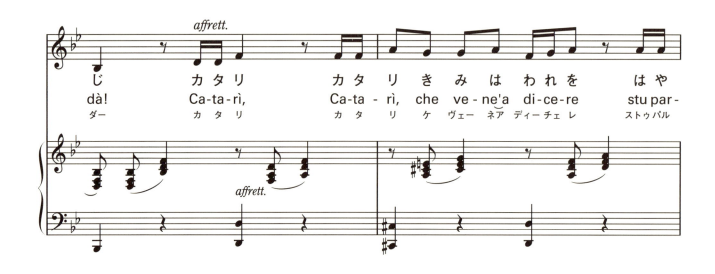

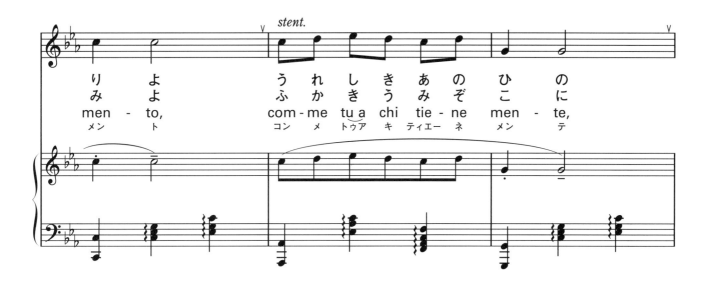
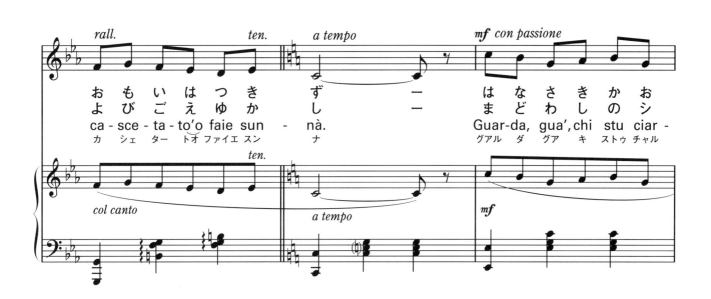

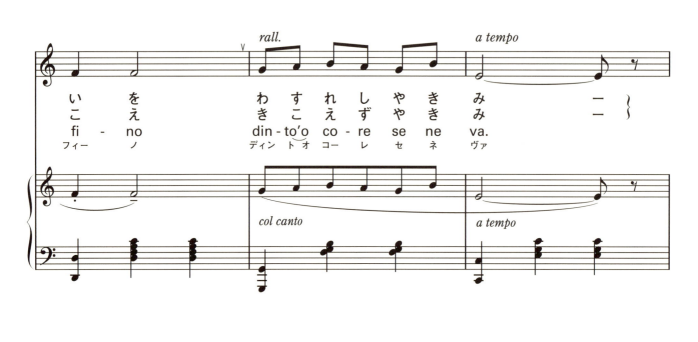

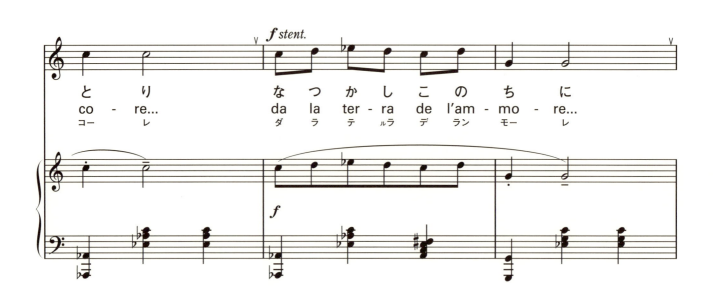

# 彼女に告げてよ
## Dicitencello vuie

荒井基裕 訳詞
R. ファルボ 作曲

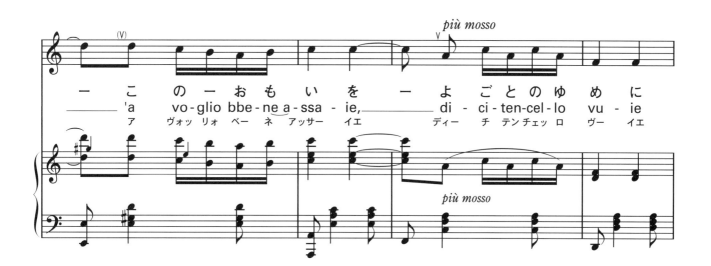

# さらばナポリ
## Addio a Napole

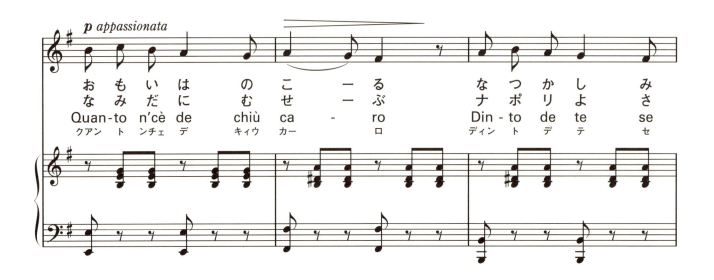
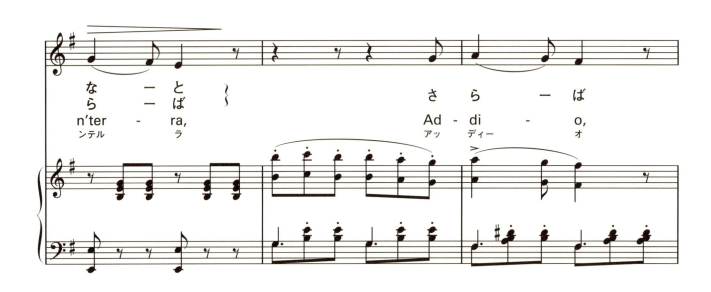

# フニクリ・フニクラ
## Funiculì-Funiculà

Allegretto Brillante

清野 協,青木 爽 訳詞
L. デンツァ 作曲

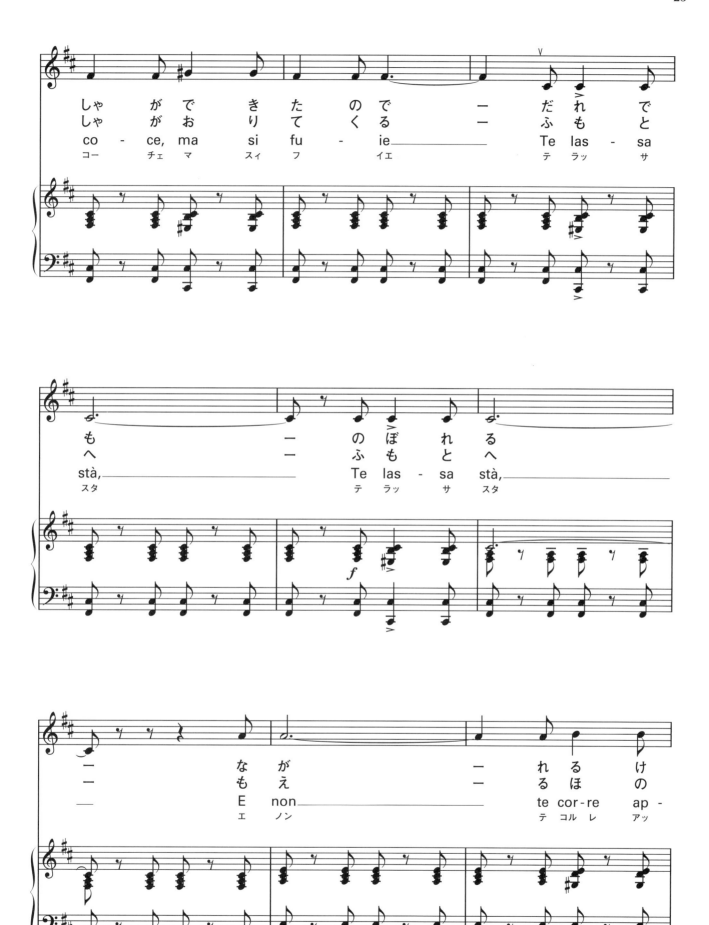

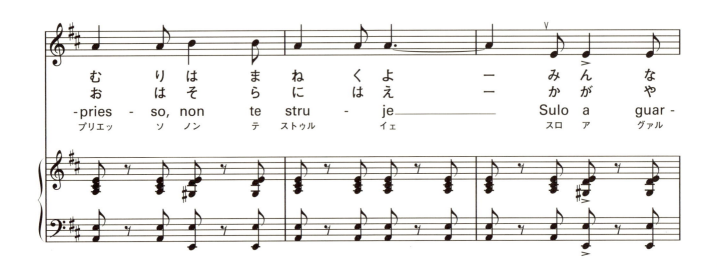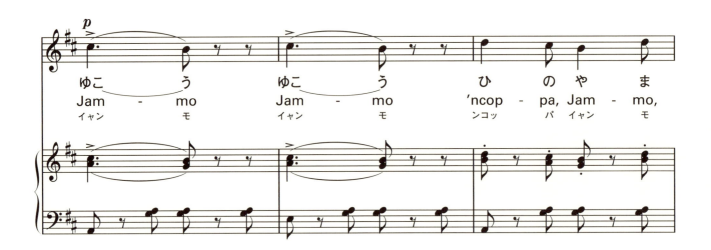

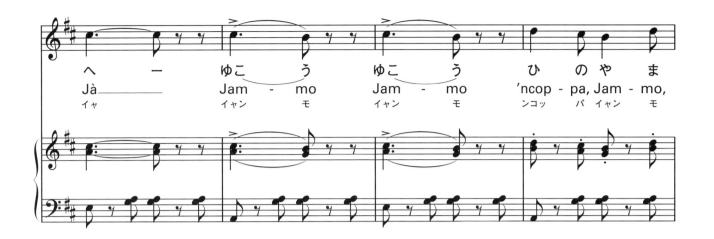
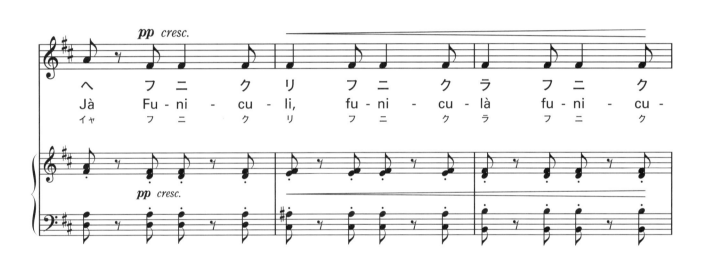

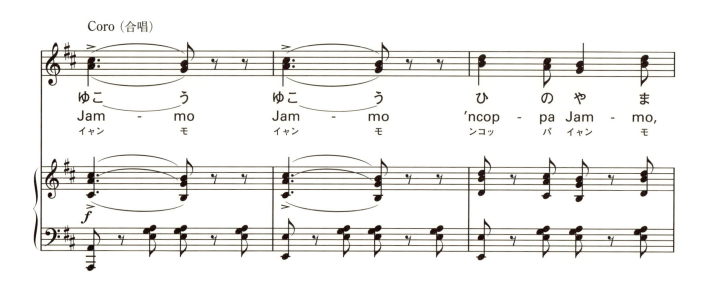
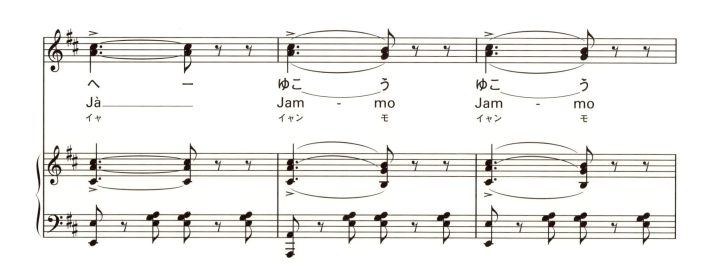

# チリビリビン
## Ciribiribin

門馬直衛 訳詞
A. ペスタロッツァ 作曲

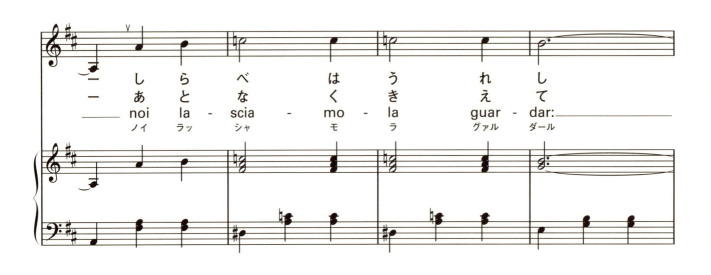

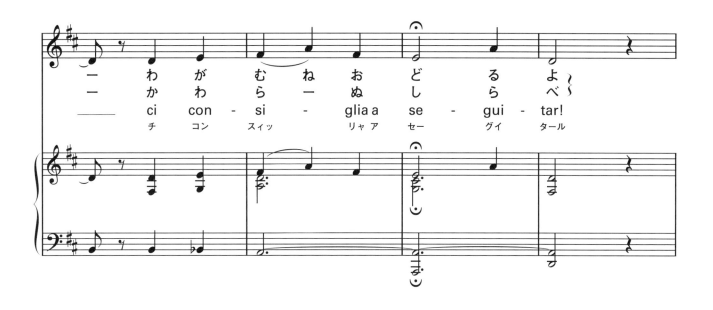

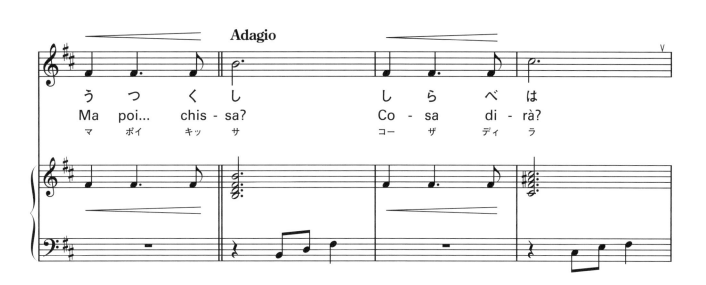

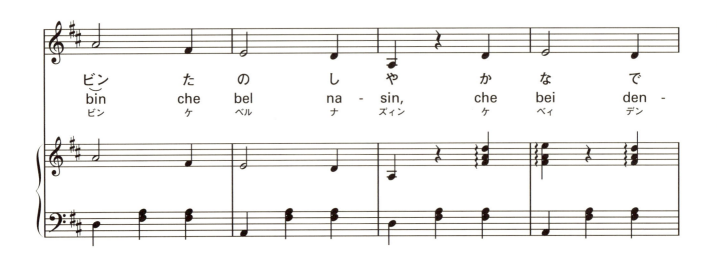

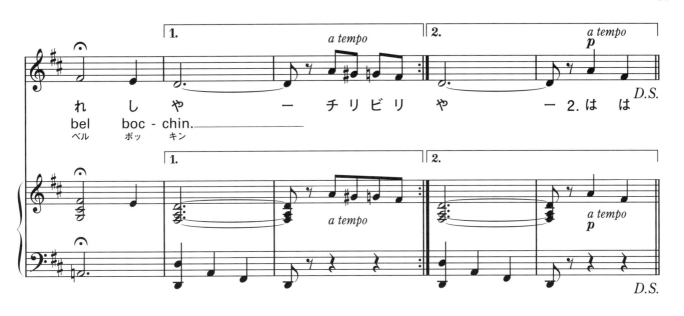

# 君を求めて
## Tu, ca nun chiagne!

島 健一 訳詞
E. デ・クルティス 作曲

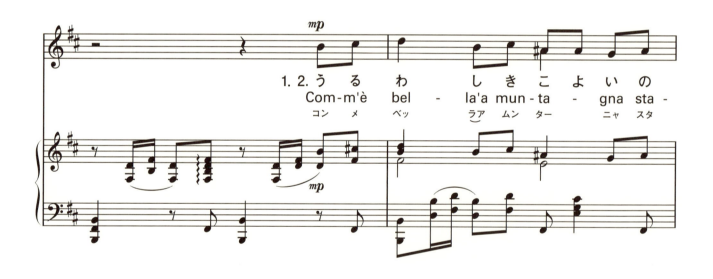

# 光さす窓辺
Fenesta che lucivi e mò non luci

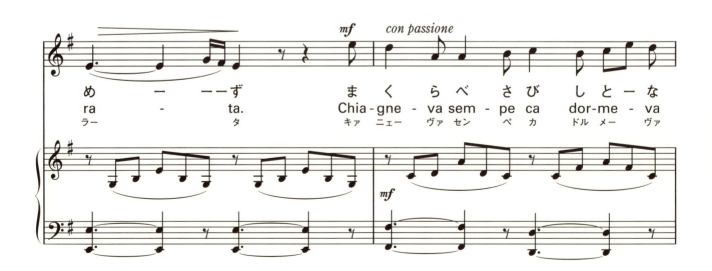

# サンタ・ルチア
## Santa Lucia

門馬直衛 訳詞
ナポリ民謡

# 海に来たれ
## Vieni sul mar

枡本侑子 訳詞
ナポリ民謡

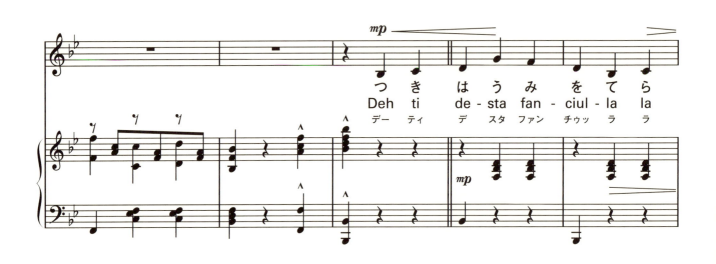

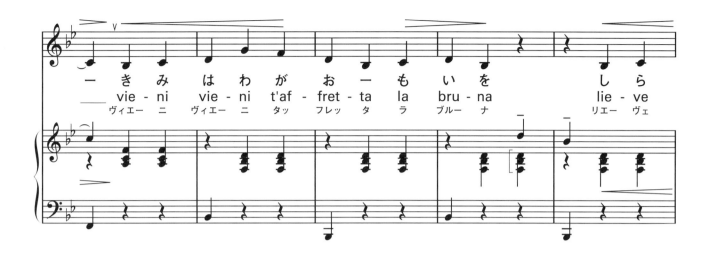

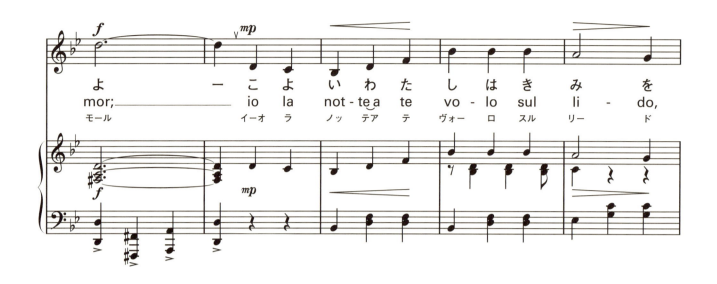
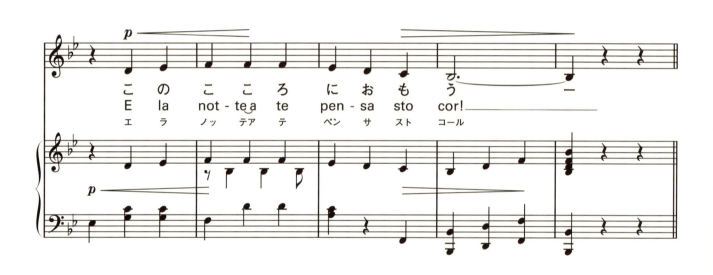
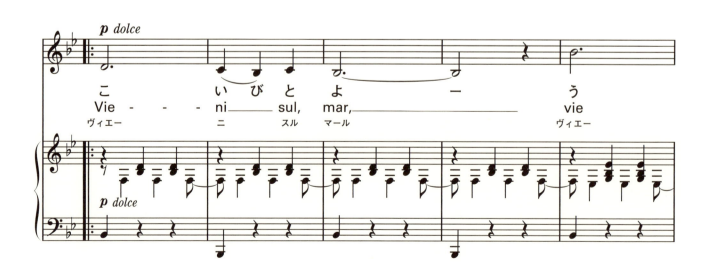

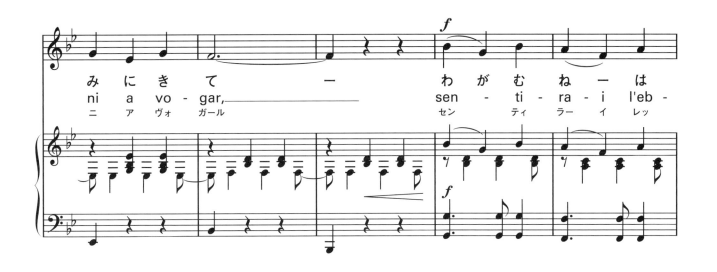

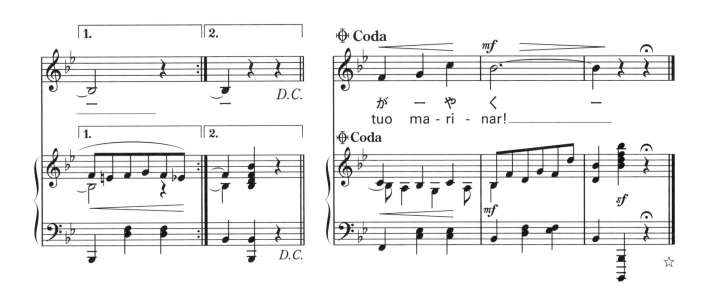

# マリア・マリ
## Maria, Marì!

門馬直衛 訳詞
E. ディ・カープア 作曲

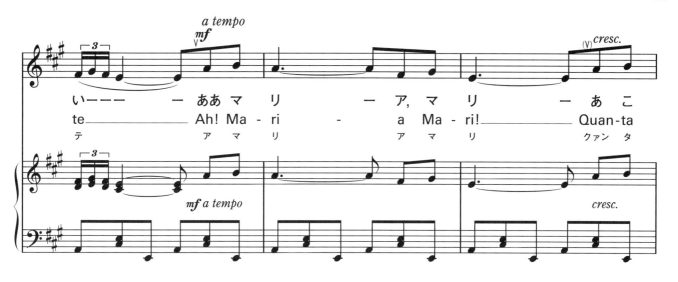

# 禁じられた歌
## Musica proibita

荒井基裕 訳詞
S. ガスタルドン 作曲

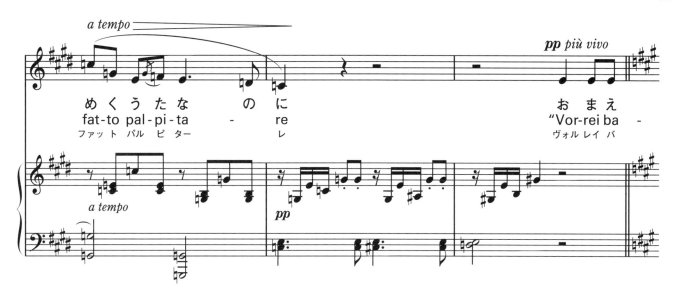

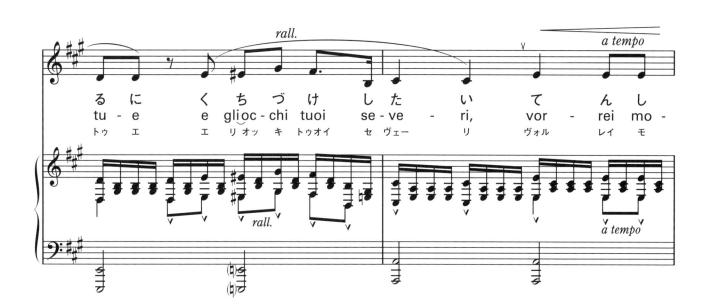

# ドリゴのセレナード
## Notturno d'amore

堀内敬三 訳詞
R. ドリゴ 作曲

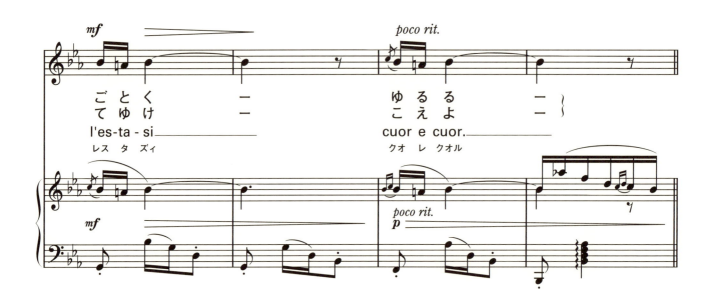

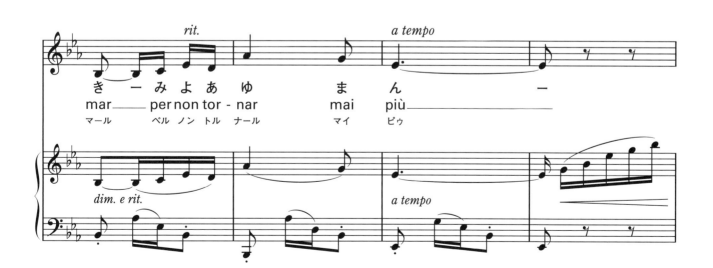

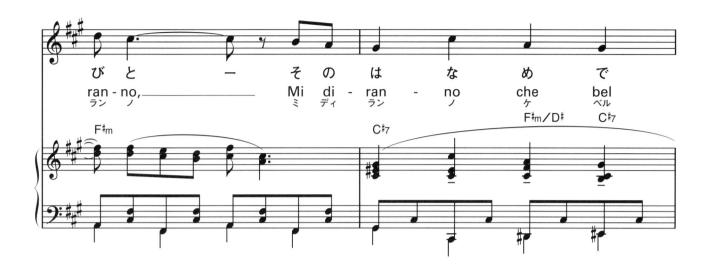

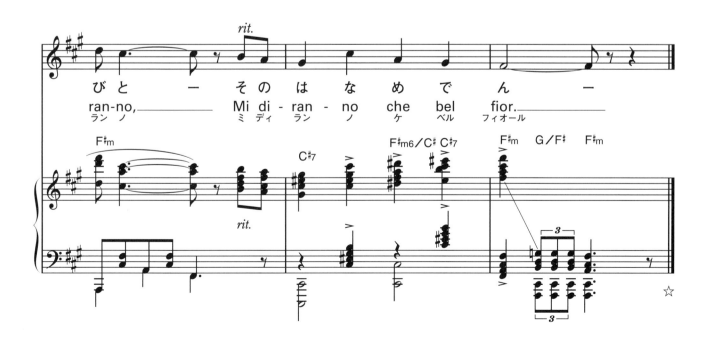

# 曲目解説，歌詞

## 1．私の太陽（オ・ソーレ・ミーオ）（'O sole mio）

　愛する人を、美しく輝く太陽にたとえて歌う情熱的なカンツォーネ。ナポリ生まれの名テノール、エンリコ・カルーソのために1898年頃に作られたと言われる。原詞はナポリ語によるもので、「'O Sole Mio」の「'O」は感嘆詞ではなくナポリ語の定冠詞である。日本でも1964（昭和39）年のＮＨＫ紅白歌合戦でバリトン歌手立川澄人氏に歌われて広く知られるようになった。

妹尾幸陽訳詞／E. ディ・カープア作曲

　一、晴れ晴れと　太陽は輝く
　　　嵐去りし　清き空に
　　　穏やかに　風は吹きて
　　　晴れ晴れと　太陽は輝く
　　　わが胸は　ときめく
　　　美しき　瞳よ
　　　ああ君こそは　永久の光よ

　二、黄金なす　太陽の光
　　　汝の窓を　さまよいて
　　　わが胸に　秘めし思い
　　　何時か語らん　君にと
　　　わが胸は　ときめく
　　　美しき　瞳よ
　　　ああ君こそは　永久の光よ

## 2．カタリ・カタリ（Core 'ngrato）

　カルディッロはアメリカに帰化したイタリアの作曲家である。エンリコ・カルーソによって1911年にカーネギーホールで初めて歌われたが、その後イタリアでも歌われるようになりナポレターナの一つとなった。原題の「Core 'ngrato」は「薄情」や「つれない心」と訳されるが、この版ではかつての恋人に切々と呼びかける歌い出しを題名とした。

徳永政太郎訳詞／S. カルディッロ作曲

　カタリ・カタリ　やさし　あの言葉思い
　胸いたまぬ時はなし　カタリ
　楽しきあの日忘れじ　カタリ　忘れじ

　カタリ・カタリ　君はわれを　早や忘れたまいしや
　嘆けども　君は知らじ　悲しみも知りたもうまじ

　ああ　つれなくも　いとおしの人よ
　われを思いたまわぬ

## 3．帰れソレントへ（Torna a Surriento）

　ソレント岬に立つトラモンタート・ホテルのコマーシャル・ソングとして1902年頃に書かれた。作曲者はエルネスト・デ・クルティス、作詞者は兄のジャンバッティスタ。有名なテノール歌手ベニアミーノ・ジーリの伴奏者を務めたエルネストの多くの作品が、ジーリによって歌われ世界に広まった。

門馬直衛訳詞／E. デ・クルティス作曲

　一、美わしの海よ　輝く光よ
　　　嬉しきあの日の　思いはつきず
　　　花咲き香れる　園にもさすらい
　　　契りし誓いを　忘れしや君
　※　君去り行きしも　われはただ一人
　　　なつかしこの地に　淋しく待つよ
　　　帰り来よ　忘れず来よや
　　　帰れソレントへ　帰れよ

　二、なつかしのソレント　青く澄む海よ
　　　深き海底に　呼び声ゆかし
　　　惑わしのシレーネ　調べもやさしく
　　　歌いしその声　聞こえずや君

　※印　（繰り返し）

## 4．彼女に告げてよ（Dicitencello vuie）

　歌詞の1節と2節は、「愛している」と自分で告白することが出来ない気の弱い男が、彼女の友人に「お前を愛しているとあの人に伝えて欲しい」と切々と訴える内容である。そして3節には、「私が生きるために、空気ほどにも大切な君がほしい」と告白する姿が描かれている。1930年頃に作曲されたナポリの方言による、きわめて情熱的なカンツォーネの一つである。

荒井基裕訳詞／R. ファルボ作曲

　彼(か)の人に伝えてよ　お前の友のあの人に
　この思いを命をかけて　苦しい心に秘めた愛
　伝えてよこの思いを　夜ごとの夢に忘れられぬ
　苦おしく燃える炎　この胸を焦がす　いとしい人よ


## 5．さらばナポリ（Addio a Napole）

　19世紀後半、南部イタリアから多くの貧しい人々が移民として南米へ渡った。この曲は1868年頃に作曲され、ナポリの港から旅立つそうした人々の心情を、流れるような美しいメロディーで表現した惜別の歌である。後年、移住先で文化やスポーツの発展に寄与した人も多い。タンゴの可能性を追求したアストル・ピアソラやサッカー選手のリオネル・メッシはアルゼンチン生まれの移民三世である。

門馬直衛訳詞／ナポリ民謡

一、別れのときよ　いざいざさらば
　　ナポリの町よ　今別れる
　　思いは残る　懐し港
　　さらば　さらば　この世の楽園　ナポリよ　いざ
　　ああ　この世の楽園　ナポリよ　いざ

二、何処(いずこ)に行くも　忘れじ汝(なれ)を
　　み空も海も　思い出草
　　涙にむせぶ　ナポリよさらば
　　さらば　さらば　この世の楽園　ナポリよ　いざ
　　ああ　この世の楽園　ナポリよ　いざ


## 6．フニクリ・フニクラ（Funiculì-Funiculà）

　この題名はナポリ湾岸にそびえるヴェスヴィオ火山へ登るケーブルカー（フニコラーレ）の愛称。その集客のために1880年頃に作られた、世界初のコマーシャルソングといわれている。その後の大噴火で鉄道会社は廃業したが曲は歌い継がれ、日本でもCMや劇中音楽、番組のテーマ音楽などに使われた。子供向けの替え歌「鬼のパンツ」を歌った覚えのある人もいるでしょう。

清野 協，青木 爽訳詞／L. デンツァ作曲

一、赤い火をふくあの山へ　登ろう登ろう
　　そこは地獄の釜の中　のぞこうのぞこう
　　登山電車ができたので　だれでも登れる
　　流れる煙は招くよ　みんなをみんなを
　※　行こう行こう　火の山へ
　　　行こう行こう　火の山へ
　　　フニクリ・フニクラ　フニクリ・フニクラ
　　　だれも乗る　フニクリ・フニクラ

　※印（繰り返し）

二、暗い夜空にあかあかと　見えるよ見えるよ
　　あれは火の山ヴェスヴィアス　火の山火の山
　　登山電車が降りてくる　ふもとへふもとへ
　　燃える炎は空に映え　輝く輝く

　※印（繰り返し）

　※印（繰り返し）


## 7．チリビリビン（Ciribiribin）

　軽快なワルツのようなこのバラードは現在ではあまり知られていないが、1940年代のアメリカでフランク・シナトラやビング・クロスビーらが英語の歌詞で歌い人気を博した。日本でも1955（昭和30）年の第6回NHK紅白歌合戦でソプラノ歌手大谷冽子によって歌われている。「チリビリビン」にはおそらく意味はなく、歌の調子を心地よく整える言葉と考えられる。

門馬直衛訳詞／A. ペスタロッツァ作曲

一、青き月影は　窓を照らして
　　なつかしいわが君　歌い誘うよ
　　月かげ清らに　調べはうれし
　　歌声聞きては　わが胸おどるよ
　　美し調べは　恋しの　わが君
　　その　うた
　　チリビリビン　チリビリビン　チリビリビン
※┌チリビリビン　うれしや　奏でる調べよ
　│チリビリビン　楽しや　奏でる調べよ
　│チリビリビン　楽しや　奏でる調べよ
　│チリビリビン　チリビリビン　チリビリビン
　└うれしや

※印　（繰り返し）

二、母上見つけて　庭のわれらを
　　悲しみ叱るも　またやむを得ず
　　怒りもやがては　あとなく消えて
　　心も晴れ晴れ　かわらぬ調べ
　　美し調べは　恋しの　わが君
　　その　うた
　　チリビリビン　チリビリビン　チリビリビン

※印　（繰り返し）

## 8．君を求めて（Tu, ca nun chiagne!）

　リベロ・ボヴィオの美しい歌詞とクルティスが1915年に作曲した情感あふれる旋律によるカンツォーネ。「今宵はなんて山が美しいのだろう」と始まる静かで抑制された前半と、「泣かないお前が僕を泣かせる」「お前がほしい（voglio a te!）」と歌う後半の対比が心をゆさぶる。原題は「泣かないお前」と訳すが、印象的な「voglio a te!」の部分を「君を求めて」と訳すタイトルとした。

島 健一訳詞／E. デ・クルティス作曲

一、麗しき今宵の山　類いなきその姿
※┌ほの白き月の光　疲れしわが心よ
　└涙も見せず去りし君　泣き濡れる我
　　君よ君よ　今一度君の姿を

二、麗しき今宵の山　類いなきその姿
　　瞬く星の光　今一度の愛を

※印　（繰り返し）

## 9．光さす窓辺
（Fenesta che lucivi e mò non luci）

　ナポリ民謡として知られるが、1830年代に活躍したイタリア・オペラの作曲家ヴィンチェンツォ・ベッリーニの作品と言われる。亡くなった恋人の家の窓の下で哀惜の念を歌うこの曲は、19世紀後期から20世紀初期に活躍したディ・カプアやトスティ、あるいはクルティスの作品と並ぶ歌であるかのように聞こえる。主旋律は控えめだが説得力のあるドラマが感じられる。

門馬直衛訳詞／ナポリ民謡

明るき窓の灯消えぬ　病み臥す君が身いかに
心に憂いて聞けば　いとしの君は目覚めず
枕辺淋しと泣きつつ　呼べども君は帰らず
呼べども君は帰らず

## 10．サンタ・ルチア（Santa Lucia）

　テオドーロ・コットラウが採譜し、エンリコ・コッソヴィチが歌詞を付けたナポリ民謡。船乗りたちの守護聖女サンタ・ルチアの名を冠した海岸を歌った舟歌であるが、原曲は忘れられてしまったオペラのアリアではないかと言われている。ピエディグロッタのうた祭りで1856年に発表された。

門馬直衛訳詞／ナポリ民謡

一、星は青く　海を照らし
　　風は静か　波を吹く
　　君よいざや　来たり漕げや
　　サンタ・ルチア
　　サンタ・ルチア

二、風のままに　波の上を
　　船は軽く　滑り行く
　　友よさらば　共に漕げよ
　　サンタ・ルチア
　　サンタ・ルチア

三、うれしナポリ　人は笑い
　　滑る船を　待ちつ呼ぶ
　　楽し海に　友よいざ
　　サンタ・ルチア
　　サンタ・ルチア

## 11. 遥かなるサンタ・ルチア（Santa Lucia Luntana）

　19世紀半ばから20世紀初頭にかけて、アルゼンチンやウルグアイに移住するためにナポリの港を船出して行った多くのイタリア人と船乗りたちの郷愁が、遠ざかってゆくサンタ・ルチア海岸の美しい情景と共に歌われている。1919年頃に作詞・作曲したE. A. マリオはペンネームのようだが詳細は不明である。「さらばナポリ」もテーマを同じくする歌である。

伊庭　孝訳詞／E. A. マリオ作曲

遠い所へ船出の時にゃ　船で歌うナポリターナ
歌う中には港は消えて　月の光に遠く
ナポリが見える　サンタ・ルチア
別れのその淋しさ　幸をもとめて
船出はしても　ナポリの月を　遥かに見る悲しさ
サンタ・ルチア　別れのその淋しさ

## 12. 海に来たれ（Vieni sul mar）

　20世紀の名歌手たちに歌われ世界に広まったナポリ民謡。1964（昭和39）年にNHK「みんなのうた」で「海は招く」という題名で放送され、教科書に掲載されたこともあって日本でも歌われるようになった。原詞は愛する女性への船乗りの思いを歌うものであるが、「みんなのうた」や教科書の歌詞にはそのような内容は表現されていない。この版では枡本侑子氏による歌詞を取り上げた。

枡本侑子訳詞／ナポリ民謡

月は海を照らして　銀色に輝き
君はわが思いを　知らず今眠る
ああ美しい君よ　この愛で目覚めよ
今宵わたしは君を　この心に思う
恋人よ海に来て　わが胸は愛に輝く

## 13. マリア・マリ（Maria, Marì!）

　マリアという名の美しい娘の家の前に立ちつくして、その切ない思いを歌う1899年頃に作曲されたナポリのセレナータ。ヴィンチェンツォ・ルッソの歌詞は、情熱的ではあるが、今日の感覚では「つきまとい」と受け取られかねないほどに繰り返し直截な言葉で恋心を訴えている。行動的でストレートに自分の気持ちを口にすることで知られるイタリアの男性の面目躍如たるカンツォーネと言うべきかもしれない。

門馬直衛訳詞／E. ディ・カープア作曲

一、開けてよ窓を　いとしのマリア
　　見せてよ君の　うるわし瞳
　　心を燃やし　夜ごとに待つは
　　愛しの君の　声聞くため
　※｢ああ　マリア・マリ　憧憬のわが君
　　　受けてよ　狂おしわが思い
　　　ああ　マリア・マリ　憧憬のわが君
　　　おおマリ　安らぎを

二、開いたよ窓は　見えたよ姿
　　やさしき御手に　招くよ吾
　　ギターを鳴らし　歌わん君に
　　まことの恋の　思いの歌

※印　（繰り返し）

## 14. 禁じられた歌（Musica proibita）

　「毎晩、私のバルコニーの下に愛の歌が聞こえてくる」と乙女が歌うロマンチックなフレーズで始まるが、その甘美なメロディーを口ずさむことを彼女の母はなぜか禁じた。

母が不在の日にこっそりとその歌を口ずさみながら、清純な乙女が心の内を吐露する1881年頃に作曲された愛の歌である。本来は女性に歌われるのがふさわしい内容であろうが、多くのテノール歌手による名演で知られている。

荒井基裕訳詞／S.ガスタルドン作曲

夜がくると窓から　聞こえる　愛の歌が
その声はやさしくて　わたしの心を強く
とらえてゆすぶるの
おお　何て美しい歌　おお　何てやわらかい声
かあさんはどうしてこれを
どうして　いけないと言うの
こんなに　ほらこんなに　胸がときめく歌なのに
"お前の黒髪に　唇に　口づけしたい
　天使のような人よ　おお　美しい恋人よ"
今日もまた窓の下で　聞こえるの　あの歌が
"お前の黒髪に　唇に　口づけしたい
　心からおお　いとしい　お前を愛するよ"

## 15. ドリゴのセレナード (Notturno d'amore)

　原題は「愛のセレナード」。日本では「ドリゴのセレナード」として知られている。ドリゴはロシアのペテルスブルグでバレエの指揮者として長く活躍したイタリアの作曲家。この歌は1900年に初演されたバレエ「百万長者の道化師」からの一曲である。比類のない甘美なメロディーはオペラが上演されることのない今日にも残り、ヴァイオリンやフルートで独奏されることも多い名曲である。

堀内敬三訳詞／R.ドリゴ作曲

一、あわき光に　波路は霞みて
　　月の水際に　さざ波ささやく
　　夜のしずけさよ　面影は浮かびて
　　切なる思いは　胸の奥に
　　波のごとく　揺るる
※┌ああ　そよかぜ　匂いて
　│月影は　夢みる
　│いざ　出で来よ　我と共に
　└君よ　歩まん

※印　（繰り返し）
　楽しこの宵　ああ

二、麗わしき宵　こよなきたまゆら
　　麗わしき君　心に描きて
　　愛に充てる歌　秘めやかに歌わん
　　声よ　風にのり　君が窓に
　　通いて行け　声よ

※印　（繰り返し）

※印　（繰り返し）
　楽しこの宵　ああ

## 16. さらば恋人よ (Ciao, Bella Ciao)

　詳細は不明であるが、1943年から45年のイタリアにおける反ファシズム運動の中で歌われたと考えられる。曲の原形はポー川流域の農民たちに歌われていた民謡に基づくともいわれている。自由のため、祖国や家族、愛する人のためにファシズムと戦おうとするパルチザンの歌である。Bella(ベッラ)は愛する人を指すが、同時に自由や祖国を暗示しているとも考えられる。

東大音感訳詞／イタリア民謡

一、ある朝目覚めて　さらばさらば恋人よ
　　目覚めて我は見る　攻め入る敵を

二、われをも連れ行け　さらばさらば恋人よ
　　つれ行けパルチザンよ　やがて死す身を

三、いくさに果てなば　さらばさらば恋人よ
　　いくさに果てなば　山に埋めてよ

四、埋めてやかの山に　さらばさらば恋人よ
　　埋めてやかの山に　花咲く下に

五、道行く人々　さらばさらば恋人よ
　　道行く人々　その花賞でん
　　道行く人々　その花賞でん

# 主な音楽用語

## 強弱に関するもの

| 記号・標語 | *pp* | *p* | *mp* | *mf* | *f* | *ff* | *cresc.*<br>*(crescendo)* | *decresc.* | *dim.*<br>*(diminuendo)* |
|---|---|---|---|---|---|---|---|---|---|
| 読み方 | ピアニッシモ | ピアノ | メッゾ・ピアノ | メッゾ・フォルテ | フォルテ | フォルティッシモ | クレシェンド | デクレシェンド | ディミヌエンド |
| 意味 | とても弱く | 弱く | 少し弱く | 少し強く | 強く | とても強く | だんだん強く | だんだん弱く | だんだん弱く |

| 記号・標語 | *sf* | *sfz* | *fz* | ＞または∧ | *fp* | *più* | *molto* | *poco a poco* | *poco* |
|---|---|---|---|---|---|---|---|---|---|
| 読み方 | スフォルツァンド<br>スフォルツァート | フォルツァンド<br>フォルツァート | アクセント | | フォルテ・ピアノ | ピウ | モルト | ポーコ・ア・ポーコ | ポーコ |
| 意味 | 特に強く | | | めだたせて,<br>強調して | 強く直ちに弱く | よりいっそう | 非常に | 少しずつ | 少し |

## 速度およびその変化に関するもの

| 標語 | 読み方 | 意味 | 標語 | 読み方 | 意味 |
|---|---|---|---|---|---|
| *adagio* | アダージョ | ゆるやかに | *lento* | レント | ゆるやかに |
| *accelerando(accel.)* | アッチェレランド | だんだん速く | *meno mosso* | メーノ・モッソ | 今までより遅く |
| *ad libitum(ad lib.)* | アド・リビトゥム | 自由に | *moderato* | モデラート | 中ぐらいの速さで |
| *allargando* | アッラルガンド | 強くしながら<br>だんだん遅く | *morendo* | モレンド | 弱くしながら<br>だんだん遅く |
| *allegretto* | アレグレット | やや速く | *più lento* | ピウ・レント | よりいっそう<br>ゆるやかに |
| *allegro* | アレグロ | 速く | *più mosso* | ピウ・モッソ | 今までより速く |
| *allegro moderato* | アレグロ・モデラート | ほどよく速く | *presto* | プレスト | 急速に |
| *andante* | アンダンテ | ゆっくり歩くような<br>速さで | *quasi* | クワジ | ほとんど…のように |
| *andantino* | アンダンティーノ | アンダンテよりやや<br>速く | *rallentando(rall.)* | ラレンタンド | だんだんゆるやかに |
| *animato* | アニマート | 元気に速く | *ritardando(ritard., rit.)* | リタルダンド | だんだん遅く |
| *a tempo* | ア・テンポ | もとの速さで | *ritenuto(riten.)* | リテヌート | すぐに遅く |
| *calando* | カランド | 弱くしながら<br>だんだん遅く | *smorzando* | ズモルツァンド | 弱くしながら<br>だんだん遅く |
| *con moto* | コン・モート | 動きをつけて | *stringendo(string.)* | ストリンジェンド | だんだんせきこんで |
| *grave* | グラーヴェ | 重々しくゆるやかに | *tempo primo(tempo I)* | テンポ・プリモ | 最初の速さで |
| *largo* | ラルゴ | 幅広くゆるやかに | *tempo rubato* | テンポ・ルバート | テンポを柔軟に<br>伸縮させて |
| *larghetto* | ラルゲット | ラルゴよりやや速く | *vivace* | ヴィヴァーチェ | 活発に速く |

## 曲想に関するもの

| 標語 | 読み方 | 意味 | 標語 | 読み方 | 意味 |
|---|---|---|---|---|---|
| *agitato* | アジタート | 激しく | *legato* | レガート | 滑らかに |
| *amabile* | アマービレ | 愛らしく | *leggiero* | レッジェーロ | 軽く |
| *appassionato* | アパッショナート | 熱情的に | *maestoso* | マエストーソ | 荘厳に |
| *brillante* | ブリッランテ | はなやかに | *marcato* | マルカート | はっきりと |
| *cantabile* | カンタービレ | 歌うように | *marciale* | マルチャーレ | 行進曲ふうに |
| *comodo* | コモド | 気楽に | *pastorale* | パストラーレ | 牧歌ふうに |
| *con brio* | コン・ブリオ | 生き生きと | *risoluto* | リソルート | 決然と,<br>きっぱりと |
| *con espressione* | コン・エスプレッシ<br>オーネ | 表情をこめて | *scherzando* | スケルツァンド | おどけて |
| *con fuoco* | コン・フオーコ | 熱烈に | *sempre* | センプレ | 常に |
| *con sentimento* | コン・センティメント | 感情をこめて | *simile* | シーミレ | 前と同様に<br>続けて |
| *con spirito* | コン・スピリト | 元気に | *sostenuto* | ソステヌート | 音の長さを十分に<br>保って |
| *dolce* | ドルチェ | 甘くやわらかに | *subito* | スービト | 急に |
| *espressivo* | エスプレッシーヴォ | 表情豊かに | *tranquillo* | トランクィッロ | 静かに,穏やかに |

## 芝　泰志（編著者）Profile

愛媛大学教育学部特設音楽科卒業、同専攻科修了。
武蔵野音楽大学大学院修士課程（声楽）修了。
著書：原曲に基づく「新イタリア歌曲集」（共訳）音楽之友社。
　　　懐かしい歌・心やすらぐ歌「シニアのための抒情歌集」、「シニアのための青春賛歌集」、
　　　「シニアのための教科書名歌集」、「シニアのための歌声喫茶名歌集」、
　　　「シニアのための愛と絆名歌集」、「シニアのためのヒット歌謡曲集」（共著）音楽之友社。
現在：前私立鷗友学園女子中学高等学校教諭。
前日本声楽発声学会会員、前二期会イタリア歌曲研究会会友。


## 枡本安紀子（編著者）Profile

東京芸術大学音楽学部（声楽）卒業。
同大学院修士課程修了。ジュリアード音楽院にて声楽及びイタリアンディクションを学ぶ。
千葉県松戸市や市川市において、シニアのための「楽しく歌う会」を20年にわたって主宰している。
著書：原曲に基づく「新イタリア歌曲集」（共訳）音楽之友社。
　　　懐かしい歌・心やすらぐ歌「シニアのための抒情歌集」、「シニアのための青春賛歌集」、
　　　「シニアのための教科書名歌集」、「シニアのための歌声喫茶名歌集」、
　　　「シニアのための愛と絆名歌集」、「シニアのためのヒット歌謡曲集」（共著）音楽之友社。
現在：前私立鷗友学園女子中学高等学校非常勤講師。


**皆様へのお願い**

　楽譜や歌詞・音楽書などの出版物を権利者に無断で複製（コピー）することは、著作権の侵害（私的利用など特別な場合を除く）にあたり、著作権法により罰せられます。また、出版社からの不法なコピーが行われますと、出版社は正常な出版活動が困難となり、ついには皆様方が必要とされるものも出版できなくなります。
　音楽出版社と日本音楽著作権協会（JASRAC）は、著作者の権利を守り、なおいっそう優れた作品の出版普及に全力をあげて努力してまいります。どうか不法コピーの防止に、皆様方のご協力をお願い申し上げます。

　　　　　　　　　　　株式会社　音楽之友社
　　　　　　　　　　　一般社団法人　日本音楽著作権協会

LOVE THE ORIGINAL
楽譜のコピーはやめましょう

---

**懐かしい歌・心やすらぐ歌　シニアのためのカンツォーネ集**

| | |
|---|---|
| 2016年 4 月 5 日　第 1 刷発行 | |
| 2023年11月30日　第 4 刷発行 | |

編著者　芝　　泰　志
　　　　枡　本　安紀子
発行者　時　枝　　正
　　　　東京都新宿区神楽坂6の30
発行所　株式会社　音楽之友社
　　　　電話 03(3235)2111（代）〒162-8716
　　　　振替 00170-4-196250
　　　　https://www.ongakunotomo.co.jp/

522990

落丁本・乱丁本はお取替いたします。
☆印の著作物は、編曲または修正されていることを示す。
Printed in Japan

DTP・楽譜制作：（株）MCS
装丁：菊池薫
表紙イラスト：花澤眞一郎
印刷：（株）平河工業社
製本：（株）誠幸堂

Cover Picture：〔表紙イラスト〕…ナポリ湾の南に位置する景勝地ソレントの外観（イタリア）